Género Ficción histórica

I0794533

Pregunta esencial
¿Qué elección es mejor para nosotros?

El salar

Virginia Segret Mouro
ilustrado por Juan Camilo Mayorga

CAPÍTULO 1

Una familia en el salar

Meg y sus padres vivían en Salt Lake City, en el estado de Utah. Eran colonos ingleses. Habían llegado a esta ciudad con muchas ganas de trabajar y vivir en paz.

Transcurría el siglo XIX. La vida, por aquel entonces, era amable y sencilla.

Sam, el papá de Meg, trabajaba mucho porque quería que su familia estuviera bien y fuera feliz. Todos los días partía al salar cercano, pues ese era su lugar de trabajo.

BARBERÍA

Un salar es una gran extensión de sal. Y el que estaba cerca de Salt Lake City, donde Sam iba todos los días a trabajar, era muy, muy grande.

—Dime, papá, ¿en el salar no hay árboles ni flores ni animalitos? —preguntó un día Meg.

—No, hija. Allí el suelo es blanco porque es de sal. No es un hábitat saludable para muchos animales porque falta agua y no tienen qué comer —respondió el padre.

Sam amaba su pueblo y su trabajo. Las preguntas de su pequeña lo hacían feliz.

Sam observó la curiosidad de su hija y decidió contarle algunas cosas interesantes.

—Los habitantes originales de este lugar son los nativos americanos, como muchos de nuestros vecinos. Luego llegamos nosotros, los colonos ingleses —dijo.

—¿Y los nativos viven aquí desde hace mucho tiempo, papá? —preguntó la pequeña Meg.

—Sí, hija, desde hace miles de años. Aquí viven los navajo y los ute. El estado se llama Utah justamente por ellos.

—¿Y qué comían en el pasado? ¿Usaban la sal para comer? —preguntó Meg.

El padre, entonces, le dijo a Meg que los antiguos pobladores comían cactus y algunas pocas plantas que crecían en el lugar. También cazaban algunos animales que habitaban en la región. Pero no cultivaban alimentos.

Meg era una niña muy curiosa. Siempre quería aprender temas nuevos. Meg conocía la sal que su mamá usaba en las comidas. Ese sabor le gustaba mucho, pero no entendía bien la importancia que tenía. Sus padres siempre conversaban sobre el salar. Por eso, una noche, le preguntó a su papá:

—Si usamos tan poquita sal, ¿por qué es tan importante, papi?

CAPÍTULO 2

Meg descubre la sal

Meg había hecho una pregunta interesante y su padre comenzó a contarle la historia de la sal.

La sal ha sido muy importante para todos los pueblos del mundo. Se la valora desde tiempos muy antiguos. Algunas rocas tienen sal, junto con otros minerales. Es probable que el hombre primitivo que vivía en las cuevas haya sentido necesidad de saborear la sal. Si no vivía cerca de un salar, tal vez la tomaba lamiendo las rocas.

—¿Tan importante es la sal para nuestros cuerpos, papi? —dijo Meg.

Rosa, la madre de Meg, escuchaba atenta. Respondió:

—Sí, pero no abundantemente sino en muy pequeñas cantidades. Algunos médicos creen que los alimentos muy salados dañan nuestra salud.

Su papá le siguió explicando:

—La sal sirve para evitar que los alimentos se pudran. Todos los pueblos han usado esta forma de conservación. Los pueblos que viven a orillas del mar salan sus pescados. Así se pueden guardar por mucho tiempo. También se salan las carnes rojas. Por ejemplo, el jamón es carne de cerdo conservada en sal, por eso sabe tan salado.

Rosa, la madre de Meg, agregó:

—A ti te gustan mucho los emparedados de jamón, hija. Hay gran variedad de jamones.

—¡Oh, sí, me encantan! —respondió la niña.

—La sal ha tenido otro uso, también. ¿Sabías, pequeña, que antiguamente se la usaba como hoy usamos el dinero? —dijo el padre.

—¿Cómo es eso, papi? —preguntó Meg intrigada.

—Las personas a veces pagaban con una bolsita de sal —contestó su papá.

La mamá de Meg tomó un libro de su biblioteca donde se hablaba de la historia de la sal en el mundo. Entusiasmada, Meg se acercó a su madre para curiosear.

El libro contaba que los pueblos antiguos daban mucha importancia a la sal. Los egipcios, los fenicios y los romanos la consideraban muy valiosa.

—¿Y dónde vivían los fenicios, mami? —preguntó la niña.

—Los fenicios vivían en el país que hoy se llama Líbano. Es un sitio montañoso. La región tiene muchas montañas y también muchos barrancos. Este pueblo hizo verdaderas fortunas comerciando con la sal.

—¡Ya entendí! ¡La vendían a otros pueblos para conservar la comida! —dijo Meg feliz mientras <u>miraba</u> las ilustraciones.

—Eres una niña muy inteligente, Meg. Pero ya es tarde. Ahora, vete a dormir —dijo su madre.

Detective del lenguaje	**El verbo subrayado, ¿está conjugado en tiempo presente o en pretérito?**

SAL
Sal
Sal

CAPÍTULO 3

Salt Lake City

Al día siguiente, la pequeña Meg pidió a sus padres que siguieran con el relato.

Entonces, su papá le contó la historia de la sal en la zona donde vivían.

—Hubo una época en que aquí faltó la sal —dijo el padre.

—Entonces los colonos, como nosotros, buscaron el modo de resolver este problema —agregó la madre.

—Descubrieron que hirviendo el agua de mar, que es salada, podrían conseguirla —dijo su papá.

—¡Qué inteligentes fueron! —dijo Meg muy atenta.

—Más tarde, los colonos descubrieron que el gran lago tenía agua salada. Nuestra ciudad está construida junto a su orilla —dijo el padre.

Su papá contó a Meg que el Gran Lago Salado les permitió resolver el problema.

—¡Entonces todos estaban felices! —dijo Meg.

—Ya lo creo, hija. Ya sabes que la sal es muy importante —agregó el padre.

Detective del lenguaje

En la oración subrayada en esta página, ¿cuál es el verbo y en qué tiempo está conjugado?

Sam propuso a su esposa llevar a la pequeña de paseo. La aventura sería visitar el lago de sal.

—Es una excelente idea —dijo Rosa.

—Es muy importante que conozca este sitio —dijo Sam.

Meg estaba feliz. ¡Nunca había visitado El Gran Lago!

—También podremos visitar el salar.

—¿El salar, papi? ¡Qué bueno! —dijo la niña.

Meg y sus padres llegaron a orillas del Gran Lago Salado.

—Muy pronto habrá más trabajo en la elaboración y comercio de la sal, hija —dijo el padre.

—Esto traerá prosperidad a todos —agregó la madre.

—¡Qué bueno! ¡Cuánto he aprendido sobre la sal! —dijo Meg.

—Me alegra mucho, hija. Ahora ve a comer la pulpa de una ciruela jugosa y dulce. ¡Te gustará mucho! —dijo la madre.

Respuesta a la lectura

Resumir

Usa detalles del cuento para resumir *El salar.* El organizador gráfico te servirá de ayuda.

Detalles

Punto de vista

Evidencia en el texto

1. ¿Cómo sabes que *El salar* es un cuento de ficción histórica? Identifica una característica que lo demuestre. **GÉNERO**

2. ¿Qué detalle importante menciona la narradora de *El salar* sobre Meg en la página 6? **PUNTO DE VISTA**

3. ¿Cuál es la raíz de la palabra *montañoso* en la página 10? **RAÍCES DE PALABRAS**

4. Escribe sobre cómo sería distinto este cuento si fuera contado desde el punto de vista de otro personaje. **ESCRIBIR SOBRE LA LECTURA**

Género Instrucciones

Compara los textos

Lee sobre cómo hacer sal de colores para decorar.

Todo sobre la sal

Hace mucho tiempo, la sal valía tanto como el oro. En el pasado, se agregaba a la comida para evitar que esta se echara a perder. Se usaba para conservar carnes, pescados y verduras. En esa época, la sal no se conseguía en cualquier parte, y por eso se volvió muy valiosa. ¡En la antigua Roma, a los soldados incluso se les pagaba en parte con sal!

Ahora, la sal no cuesta mucho pues es fácil conseguirla. Aún se usa para dar sabor a las comidas. Recuerda que demasiada sal puede ser mala para ti. Las comidas saludables solo contienen una cantidad pequeña de sal.

Los alimentos saludables no contienen mucha sal.

Cómo hacer sal de colores

¿Sabías que puedes usar sal de colores para decorar la mesa?

Qué necesitas:

- una bolsa plástica que se pueda sellar
- colorante para alimentos
- 3 cucharadas de sal gema o sal gruesa marina
- un frasco de vidrio pequeño

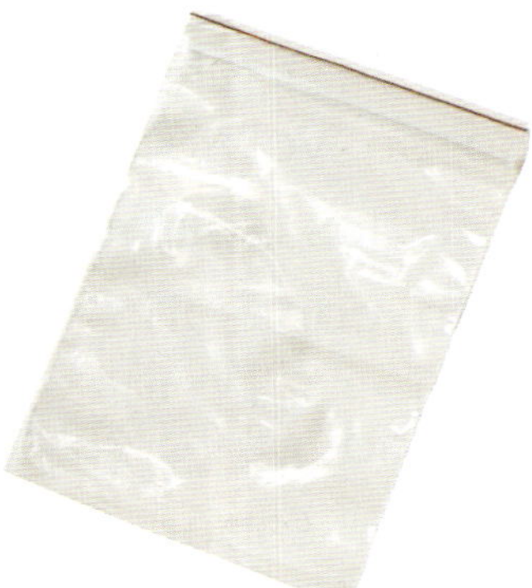

Cómo se hace:

1. Coloca sal en la bolsa plástica.
2. Agrega dos gotas de colorante para alimentos a la bolsa plástica.
3. Sella la bolsa plástica. Agítala y aprieta la sal. Esto ayudará a que el colorante cubra la sal.
4. Abre la bolsa plástica. Deja que se seque la sal dentro de la bolsa por unas ocho horas.
5. Repite los primeros cuatro pasos con una variedad de tonos distintos de colorante. Luego, vierte capas de sal de distintos colores en el frasco de vidrio y colócalo sobre la mesa.

Haz conexiones

¿Cuál es una buena elección a la hora de salar tus alimentos? **PREGUNTA ESENCIAL**

¿En qué se parece lo que aprendió Meg en *El salar* a lo que enseña *Todo sobre la sal*? **EL TEXTO Y OTROS TEXTOS**

Enfoque:
Género

Ficción histórica Un cuento de ficción histórica es una narración en la que los personajes inventados participan de sucesos tomados de la historia, y a veces interactúan con personas reales del pasado.

Lee y descubre En *El salar* hay mucha información importante sobre la historia de la sal. El cuento transcurre en un lugar real en el pasado. Los personajes son imaginarios pero podrían ser reales.

Tu turno

Piensa en algún alimento saludable que se conozca desde hace tiempo y escribe un cuento de ficción histórica sobre el mismo. Asegúrate de incluir datos históricos reales en tu cuento, así como personajes inventados.